나의 파수꾼에게

이나영 시집

시인동네 시인선 249 이나영 시집

나의 파수꾼에게

시인동네

시인의 말

떨리는 목소리엔 방울이 갇혀 있지.

뜨거운 시간들을 헤집다 맺혀버린

터질까
기침 한 번에
침만 삼킨
두 목소리

2025년 3월
이나영

차례

시인의 말

제1부

나의 파랑 · 13

파도를 믿는다면 · 14

아, 하고 입 벌려 봐 · 16

밤의 구원 · 18

유속의 허기 · 20

산란의 기분 · 22

달의 노래 · 23

랜덤 플레이 · 24

오늘은 가장 긴 산책을 하자 · 26

물수제비 · 28

파도의 효능 · 30

밤의 문법 · 32

서신 · 34

세월 · 35

경청 · 36

보송한 얼굴의 너에게 · 38

제2부

레몬 · 41

나의 파수꾼에게 · 42

노 토킹 존 · 44

치사량을 지키는 법 · 45

단어 수집 · 46

꽃의 소원 · 48

선잠 · 49

이름을 입력하세요 · 50

편지 · 52

눈덩이가 굴러온다 · 53

쉿, · 54

닮아가는 밤 · 56

포옹의 뒤편 · 57

오래된 연애 · 58

몽유병을 앓던 밤마다 · 60

제3부

다이빙 · 63

바디체크 · 64

숨겨둔 노래 · 66

봄의 동선 · 67

오늘은 시계를 벗자 · 68

환상통을 기다리는 밤 · 70

타히티의 여인들 · 71

트라우마 · 72

항해 · 74

새해 인사를 못한 건요 · 75

나의 곡선 · 76

숟가락의 힘 · 78

싱크홀 · 79

샤워 · 80

절연 · 81

스위치를 꺼야 해 · 82

제4부

웃으면 복이 올까요 · 85

선글라스 · 86

가위 · 87

텅 빈 지도를 향해 · 88

몽중(夢中) · 90

식물 킬러의 변명 · 91

무중력 고백 · 92

음 소거 · 93

끝말잇기 · 94

나마스떼 · 96

멈추지 말기로 하자 · 97

배를 접는 마음 · 98

청소 · 100

6:30 am · 101

독백 · 102

해설 어떤 결핍과 치유의 기록 · 103
　　　　이정현(문학평론가)

제1부

나의 파랑

내가 나로 사는 것을
견딜 수 없을 때

새카만 나를 벗어
바다에 내던진다

수평선 가장 먼 곳까지
떠내려가 보려고

혼잣말 한 방울씩
물결에 풀어내며

밤낮으로 유영하면
침묵이 찾아올까

파도를 견디고 나면
투명한 내가 될까

파도를 믿는다면

다짐만 반복되는
아침을 견디다가

주먹을 펴지 못해 곪아버린 손을 보며

바다를 품은 집으로
당신과 떠나왔어요

섬마다 기웃대며
뿌리를 갉아 먹고

물결의 방향대로 마음을 움직이다가

써야 할 말이 생기니
주먹이 펴집니다

사라질 줄만 아는
바람을 부여잡고

손에 남은 비밀들을 신고 가라 부탁했어요

단정한 손이 쓴 말대로
바다 곁에 영영 살려고요

아, 하고 입 벌려 봐

밤마다 태어나는 바람이 말을 걸면

세상에 없다고
슬피 우는 너에게

그늘을 달아주었다
여기에 붙어 있으라고

조용한 것들을 따라가는 버릇에는

세상의 소리들이
지겨워진 탓도 있지

모아서 발음해 보면
히읗으로 뭉쳐진 것들

내 안의 세계가 굳어서 멈추기 전

거품으로 토해낼게
휘파람으로 몰고 가렴

단단한 이응이 되면
숨을 잠시 멈춰 주겠니

밤의 구원

밤의 바다에는 문장들이 떠다닌다

부서진 목소리로
노래를 부르면서

영원한 아름다움을
달라고 기도하면서

몽돌 하나 던져 노래를 멈추었다

물 먹은 단어들이
뿔뿔이 흩어진다

들어줄 귀를 찾으면
안개로 피어날까

달의 그림자가 정수리에 드리우면

꿈만 꿨던 시어들이
제목부터 짓고 있고

깜깜한 페이지만 남아
나를 노려본다

유속의 허기

가슴을 열어보니 소금이 가득 찼다

아무도 숨 가쁘게 살라 한 적 없었는데

불행이 몰려올까 봐
한없이 헤엄쳤다

오늘을 베어 물면 내일이 차올랐다

평면의 아침들이 밀어내는 물결 속에

잘하고 싶던 마음들이
자진하며 흩어진다

너절한 아가미로 말랑한 꿈을 꾼다

꼬리를 흔들수록 영롱해진 물음들을

더 깊고 캄캄한 곳에
은밀하게 묻어두려고

산란의 기분

자꾸만 밖으로 나가려는 너를 위해

구름을 헤쳐가며 긴 기도를 마쳤는데

얼굴을 쓸어내리자 모래가 쏟아진다

수백 개의 팔을 겹쳐 껴안고 다독여도

이토록 작은 너를 잡을 순 없었단 걸

바늘로 나를 꿰매면서 눈물로 깨달았다

나를 부수고 간 연약한 여름 곁에

내게서 나온 너를 먹먹하게 흘려보낸다

미열만 남은 자리엔 풀씨가 엉겨붙는다

달의 노래

당신과 나눠 먹은 노래를 이어 붙여
음악이 시작되던 보름달 아래까지

절정의 흔적을 찾아
음표를 흘러보내요

자욱한 물안개 속 당신이 있을까 봐
길어진 혀를 말아 이름을 불러봐요

내일이 삼키기 전에
침묵을 깨야 합니다

달빛이 메아리로 대신해 답합니다
당신을 여기 두고 울음을 멈추라고

잊어야 영원해지는
사랑도 있다고요

랜덤 플레이

찌릿한 장면들이 자꾸만 들끓는걸

여기서 떨어지면?
저 칼이 나를 향하면?

질문의 단면을 잘라
입속에 머금는다

넘치는 호흡으로 천천히 먹어치워

식도를 타고 가는
뜨듯한 반짝임들

무색의 핏줄이 물드는
감각도 나쁘지 않아

무뎌진 머릿속에 빛들을 들이부어

얼굴을 찾고 나면
기뻐하며 그만할게

기다려, 멈출 때까지
물음이 시들 때까지

오늘은 가장 긴 산책을 하자

포개진 그림자로 강가를 걸어가요

주머니에 넣은 두 손
신호를 주고받다

사라질 침묵을 안고
물속에 뛰어들어요

바람을 잡아서 당신 몸에 칠해줘요

내 손이 닿아서
더 퍼질 수 있다면

파도를 일으켜서라도
바람을 데려올게요

입김을 먹고 자란 눈동자가 타올라요

감아도 뜬 것처럼
일몰을 건너는 중

가진 건 말뿐이지만
쉬운 말만 골라 해요

물수제비

오래 품은 말은 흩어지고 말 거라고

이름을 잃어버린
바다에서 말했던 날

파도는 정오를 삼키고
거울을 뱉어냈다

윤슬이 낚아내는 당신의 친절함을

바닷물에 풀어내어
온몸에 문지르고

사라질 목소리들에게
아름답다 고백한다

파랑이 한쪽으로 기우는 때가 오면

투명한 이야기가
몽돌 위에 남겨지고

없었던 일은 없다고
입이 입을 막아낸다

파도의 효능

공백이 없는 말은
천천히 죽어가요

혼자라야 들리는 말
죽어봐야 살아나는 말

감췄던 말들을 모아
바다에 내던져요

입술을 비웠더니
속삭임이 들립니다

파도가 칠 때마다
질문도 피어나요

독백이 한창입니다
한 뼘씩 자라나는

비밀을 즐기는 사이
가도 가도 바다예요

백지를 걷는 듯이
매일 더 솔직해져요

물결이 만든 착각을
기적이라 불러도 될까요

밤의 문법

낙서를 포개어서
베개에 넣어두면

마침표가 찍힐 거라
남몰래 믿던 시절

다급한
물음표들만
내 몸을 노크한다

한 문장 완성하면
한 문장 지워지는

구멍 난 천장에다
독백을 뱉었다가

비밀로
얼룩진 침대

윤곽만 남은 얼굴

밤마다 태어나는
말들이 우글대고

허물 벗는 꿈만 골라
노트에 적어둔다

떨리는
눈꺼풀 위에
초승달이 자라난다

서신

속죄의 독백 앞에 투명해진 마음으로
꽃망울을 꺾어 들고 흰 종이 앞에 선다

"오늘을 죽도록 사랑해"
터져 나온 문장을 쓴다

한 송이 피어나면 두 문장 도착하는
다정한 약속들과 차오르는 봄의 말들

움켜쥔 주먹 사이로
한 사람이 흘러간다

세월

심장을 매만지며 세상을 알아간다
무너진 순간마다 주워서 두들기면
한층 더 거세진 박동으로
한 발짝 더 나아간다

떠나고 없는 것은 그늘로 남아 있다
길어진 그늘들이 심장을 감싸안으면
굳세게, 또 굴러간다
모서리가 둥글어진다

경청

당신을 만나기 전 목소리를 가다듬는다

한 사람을 믿는 것은
내 귀를 내어주는 일

온몸이 귀가 되어서
서로에게 번지는 일

약속도 필요 없는 우리가 되고 싶어

귓속말도 짚어가며 서로를 읽었더니

눈으로 들은 당신이
입속에 파고든다

이 봄이 우리에게 대답할 땐 함께 있자

어깨에 속삭이며 당신께 안겼을 때

손끝엔 벚꽃이 피었다
영영 여기 살자는 듯

보송한 얼굴의 너에게

서랍에 초콜릿은 하나쯤 넣어두렴
한 조각 입에 넣고 입속을 굴려보면
요령을 알게 되겠지
문장을 녹여 먹는

한 줄씩 늘어나는 이름을 떠올리며
매일 도착하는 속삭임을 듣고 있니
마침표 찍기 전까지
긴장을 놓지 말자

단어가 잡아먹는 비문을 보기 위해
쓰려고 쓰지 않는 습관을 지닌 네게
함부로 행운을 빌어
계속해서 태어나길

제2부

레몬

당신이 주머니에 내 손을 가져간 날
나는 끝도 없이 내일을 의심했어요
내 몸의 빈틈 어딘가
차오르는 찌릿한 느낌

당신과 녹여 먹던 긴 밤을 곱씹으면
시큼한 레몬 향이 입속을 어질렀어요
잃을까 두려워져서
꼭꼭 숨어 먹은 걸 아나요

가지 처도 꿋꿋하게 자라난 나의 숲이
뱃속을 간지럽히며 초록을 쏟아내요
내 볼에 맺힌 레몬을
당신께 따다 줄게요

레몬을 깨물어서 입속에 넣어주니
촘촘한 고백들이 두 눈에 글썽입니다
노랗게 영근 울음을
영원이라 불러도 될까요

나의 파수꾼에게

무섭게 자라나는 몬스테라 이파리에

정확한 발음으로 사랑을 써 주세요

달콤한 동그라미가
두 볼에 찰 때까지

깊숙한 호흡까지 끌어다 묶은 탓에

폭신한 매듭들이 맨발에 돋아나요

온 세상 당신을 딛고
한 발짝씩 내딛습니다

매달린 이름들이 한 뼘 더 무거워지면

당신의 눈동자를 걸으러 갈 거예요

고백을 빼앗기기 전
무해한 모습으로

노 토킹 존

 여태껏 읽기만 한 상실에 젖었다가 멋대로 꼭 한 겹씩 벗겨져 굴러다니는

 슬픔의 껍질을 줍다가 터져버린 아침

 출근이 오기 전에 뚝, 그쳐야 한단다 마음껏 울 수 있는 때는 벌써 지났다고

 고여서 넘칠 때까지 속이며 살면 될까

 날 훔쳐 달아났다 투명망토 속에 남아 안부도 오지랖도 잠시만 멈춰주길

 충분히 머물면 갈게 곰팡이가 피기 전에

치사량을 지키는 법

발목을 잘랐다
몸만큼만 채우려고

오늘을 삼켰더니 발밑으로 새어 나간다

문장이
고여서 썩기 전
버려지길 택한 걸까

버리려 쓴 거냐고
물으면 대답 못 해

비문도 아껴먹은 병력을 지녔거든

괄호를
풀어줄 테니
나 모르는 곳에 살렴

단어 수집

사랑을 사랑이라 발음할 수 있기까지

말없이 내 얼굴만
쓰다듬던 당신에게

내 볼을 갖다 대었다
속도를 맞춰주려고

나는 너의 언어 속에 사랑을 들여둔다
무거울 필요까진 없는 말이라고
뱉어도 달아나지 않는
모험을 할 거라고

밭아진 소리들이 나선으로 움직인다

떨리는 목소리로
마침내 터진 그 말

밀어가 완성된 순간

세계가 팽창한다

꽃의 소원

당신이 주머니에 내 이름 숨긴 채로
손길과 입김으로 길러낸 동백꽃이
손바닥 한가득 피어
유음으로 흘러가요

우리의 눈꺼풀에 불시착한 밀어들이
서로를 바라보며 나비가 된 동안
애칭을 불러주세요
한 잎 한 잎 기억하도록

꽃잎을 떼어내어 입속에 머금으면
당신이 스며들까 우리가 완성될까
온몸을 휘감을 거에요
당신으로 차오르도록

선잠

부르는 것만으로 솟아나는 섬들에게
노래를 불러주다 안아주는 꿈을 꿨어요

그 섬에 당신 있었나요
두 눈이 아리네요

바다에 떠오르는 이름들을 걸러내서
섬들의 뿌리마다 새겨두고 도망쳤어요

빈 섬을 바라보는 게
서러워서 그랬다고요

동백이 지천이라는 어느 섬에 머물다가
더운 숨 몰아쉴 때 육지로 다시 가요

섬들이 눈을 뜰 때면
질문이 올 테니까요

이름을 입력하세요

별명을 부르는 게
이름보다 잦은 너는

새하얀 백지 위를
나란히 걸어가며

날마다 새로운 나를
끌어당겨 만져댔다

맴도는 별명들이
내 속을 들여보면

아무거나 골라잡아
무엇이든 되려 했다

어설픈 모습이라도
너처럼 보고 싶어서

네 눈이 머문 곳에
읽을 게 많도록 할게

부르고 불리다가
상상이 현재가 된

영원한 순간이 올 때
내가 거기 있도록

편지

참는 것만 배운 너는
단단한 나의 성전

속삭임이 짙어지면
숨 멎은 밤이 와요

서서히 바뀐 인칭으로
질문들을 지워볼까요

오늘을 벗겨내니
솜털이 바로 서요

이름을 깨물어서
체취를 머금어요

발목이 간지러운 건
달아날까 두려운 걸까요

눈덩이가 굴러온다

두 손이 맞닿으면 투명하게 변한다며
자꾸만 손을 잡는 당신을 잃지 않으려

첫눈을 녹여 먹었다
깨끗한 내가 되려고

당신이 여기 있단 한 마디 뱉자마자
가져도 온 적 없던 것들이 내게 온다

허기를 품던 말들이
불어나는 걸 보고 있니

찰나가 영원이길 기도하는 마음으로
남은 이야기를 뭉쳐선 휙, 던져낸다

보고도 못 본 척 해줘
점점 더 커질 테니까

쉿,

괄호를 껴안고서 비밀을 만든 너를

헤집어 찾아낸 건
가짜로 부푼 마음

의심이 시작된 거야
비밀을 풀 때까지

말들이 흘러야만 입 여는 당신 곁에

언제나 고여 있던
팽팽한 침묵들에

구겨진 얼굴 비추다
표정을 들켜버렸다

웅크린 당신에게 서둘러 입 맞추며

미완의 고백들을
귓가에 퍼붓는다

내게도 생긴 비밀이
미래를 재워둔다

닮아가는 밤

사라질 너를 안고
빈 얼굴 쓸어낼 때

부서진 별을 모아
눈 코 입 붙여줄게

오랜 밤 나를 통과할
표정을 그리는 일

아침이 올 때까지
서로를 잡아먹자

초침 없이 잠을 자다
이대로 죽어도 좋아

거꾸로 매단 심장을
흔들며 꿈꾸면 돼

포옹의 뒤편

눈 속에 달을 품은 당신에게 안겨볼래

세상을 속여서라도
여기 서 있고 싶어

부서진 내 뒷모습을
들키면 뭐라 할까

내 볼을 부여잡고 새벽을 불어넣는

당신의 숨결마다
고개를 수그린다

영원히 사라지지 않는
대화를 지켜내자고

오래된 연애

꿈꾸던 얼굴에서 안개가 피어났다

멋대로 엉긴 말이
입술에 달라붙어도

당신이 온다고 하면
아닌 척할 수 있었다

당신의 눈 속에는 파도가 일렁였다

파도를 헤집으며
날숨을 건져내면

저만치 떨어진 마음도
돌아올 것 같았다

침묵을 깬 당신이 내 등을 쓸며 묻는다

"이것도 사랑인가"
"내게 오면 사랑이지"

우리는 매일 죽어가는
사랑을 나눠 먹었다

포옹의 모서리가 조금씩 둥글어진다

이름을 엮어 만든
반지를 나눠 끼고

투명한 기도를 한다
오래도록 함께 죽자고

몽유병을 앓던 밤마다

숨은그림찾기 하듯 네 말을 살펴보다
어색한 순간마다 사랑한다 말했었다
뒷머릴 쓰다듬어줘
투명한 음표 맺히면

무음의 전화처럼 밀도 낮게 속삭이던
들키길 바란 마음 실눈 뜨다 멈춘 손짓
온종일 꿈만 꾸도록
옆구리에 활을 켜줘

우리는 등 돌리는 방법을 몰랐나 봐
부르면 끌어안고 응달에만 머물렀지
아파도 갈 곳 있겠지
오늘만 삼켜내면

제3부

다이빙

의미를 찾았으나
비웃음만 돌아올 때

나는 나를 지키려고 파도 속을 헤엄쳤어요

하나를 잃었을 뿐인데
전부가 사라진 것처럼

절반의 거짓말이
절반을 채우고 나면

모래에 뱉어져선 희미한 숨을 골라요

축축한 대답만 남아
더 해줄 말 없을 때까지

바디체크

복통이 올 때까지
숨통을 조여야 해

거울 속 몸의 집이 줄었나 비춰볼 땐

겁 없이 밤새 벗겨낸
맨몸을 감상하렴

단단한 손바닥이
오래 만진 비밀 꺼내

터질 듯 쥐었다가 눈 속에 집어넣는다

무거운 꿈을 달고서
일어나면 굳세질까

숨겨도 나타나는
몇 겹의 표정들을

더 잃고 더 버려야 똑바로 볼 수 있어

배꼽이 팽팽해지면
기지개를 쏟아낼게

숨겨둔 노래

쥐들이 발끝에서 맴도는 꿈을 꾼다
창백한 구슬들이 걸음마다 놓여지고
흩어진 비명 소리가 웅덩이를 파고든다

여기선 가정법이 진짜가 될 수 있어
꼬리만 떠올려도 소름이 끼치던 게
떼지어 달려들어도 도망가지 않는 것처럼

본 적도 없는 것을 두렵다 하는 거니
귓속에 끝도 없이 들리는 돌림노래
불안이 피어난 곳엔 후렴이 반복된다

봄의 동선

얼다 만 동백꽃에 입김을 불어내면
바람이 묵직하게 내 얼굴을 쓸고 간다
곧 바뀔 계절의 밀도를 가만히 놓아두라고

가시 돋은 손가락이 꽃잎을 짓이기면
초록이 품은 볕이 가시를 녹여내며
버거운 숨은 고르라고 손끝을 매만진다

당신이 남기고 간 단어들이 도망간다
등대가 밤새도록 발자국을 숨겨준다
익숙한 새벽의 진동이 숨마다 떨려온다

파도가 밀어내도 매 순간 그리웠다
눈동자에 섬들을 그려 넣고 기다렸다
한 많은 우리의 밀회가 이곳에서 펼쳐지기를

오늘은 시계를 벗자

손목만 하얗게 된 왼팔을 비춰본다

시간에 답하려고
손목을 잠갔는데

숫자가 달아날까 봐
온종일 뛰어다녔지

맥박을 기록하면 메워질 줄 알았어

동공 속 자기 복제
호흡의 일시 정지

몸짓은 비약했지만
숫자에 갇혀버렸지

하루의 뒤통수를 가만히 보면 어때

정면 없이 헤매도 돼
때맞춰 답하지 말자

오늘쯤 누락시켜도
알아채지 못할 테니

환상통을 기다리는 밤

뱃속을 긁어내어 비명을 뭉쳤더니
깜깜한 몸 안에선 혁명이 일어났어
연약한 손바닥에선
파도가 짚어지네

써야만 살았는데 쓸수록 아파올 땐
지문을 지울 만큼 만지고 부수고파
모자란 꿈 다 꾸려면
어디를 잘라야 하나

타히티의 여인들*

연분홍빛 드레스와 전통의상 팔레오가
엇비슷한 시선으로 앞과 뒤에 놓여 있다
어색한 두 여인 사이
눈치를 보는 한낮

그늘진 눈동자에 모래바람 지나간다
깔끄러운 저 표정들 편치 않은 눈치라고
갈맷빛 바다를 풀어
끌어안고 있는 중

---

*폴 고갱, 1891년 작품.

트라우마

땅 보고 걸어다녀
본 적 없는 쥐 볼까 봐

상상은 자라나고
묻을수록 떠올랐어

커지는
꿈속 쥐꼬리
발등 칠까
잠도 깼지

두려움 먹고 자라
물렁해진 두 눈이

그 꼬리 좇아가
단단한 핏줄 세운다

동공에

얕은 무덤 파고

비명이

포개진다

항해

파도가 데려가는 소풍을 떠날 거야

무인도 어디엔가
묻혀 있을 손을 찾으러

꿈 없는 잠에 들겠지
온몸이 투명해지는

저 멀리 헤엄치는 말랑한 손바닥이

바다를 담아내며
윤슬에 부딪힐 때

악수를 건넬지 몰라
불행은 떨쳐내자고

새해 인사를 못한 건요

튕겨난 이름들을 천장에 매달아요
증발할 이야기는 하고 싶지 않아서요

친절을 꺼내 물기엔
입술이 메마른걸

누워서 웅얼대는 시시한 사람인걸
들키고 싶은 사람 어디도 없잖아요

이불 속 남겨두고픈
아무것도 못 된 마음

조용히 지나가는 새해를 용서해요
입안이 적셔지면 답장을 보낼게요

인사가 버겁지 않게
거짓이 되지 않게

나의 곡선

메시지 쌓아두고 읽지 않는 날에는

울리는 세탁기를 듣고도 가만있는 건

곡선을 그리는 거지
게으름과 근면 사이

십 년 만에 어깨 위로 머리를 잘랐다가

싫었던 남배우의 드라마를 찾아봤어

얌전히 있지 못하게
취향을 건드릴 거야

익숙한 일기장은 때때로 버리랬어

대본 없는 대역으로 살아보면 알게 될까

쓰다 만 시나리오를

넘겨낼 새 감각을

숟가락의 힘

고추장 듬뿍 넣어 말문을 막아본다
혓바닥 무너질 듯 빨갛게 녹아내려
숨차서 눈 못 뜰 만큼
매운맛을 찾아줘요

늦게 안 거짓말은 씹을수록 묽어지고
지웠던 네 번호가 단내로 퍼져오면
한 모금 답장을 쓸게
땀 젖은 인사 담아

싱크홀

돌부리 없는데도 자꾸만 넘어진걸
그림자 삐져나온 걸음을 탓했는데
구멍을 건너온 당신
발자국 거기 있군요

가로등 방향으로 고개를 꺾어다가
바람의 속도 따라 숨어서 돌아갈 테니
사라질 얼굴을 모아
바닥을 메우면 어때

샤워

화장실 문을 닫고
가슴팍에 코를 대면

붉게 부푼 젖은 냄새
미간을 좁혀온다

체취가 채우는 이름
내가 나를 부르는 일

땀 흐른 자리 따라
생겨나는 서툰 비밀

시시한 혼잣말도
몸에 묻혀 씻겨줄게

독백을 거느린다면
오늘도 무뎌질 테니까

절연

내일을 기다리며 잠든 게 언제였지
숨 쉬며 흘러가는 시간을 어쩌겠어

바람이 머리맡에 와
기도를 흩뜨리는걸

모두가 기다리는 내일은 없지 않니
며칠 둔 설거지통 그릇처럼 남겨두고

찝찝한 뒷모습으로
잠자리에 드는 거잖아

달아오를 온도까지 닿는 게 무서워서
기다리다 식어가는 단어를 휘휘 젓다

오늘을 흘려보내고
혼자가 될 거란 걸

스위치를 꺼야 해

불 켜고 잠든 날엔
눈물이 안 나오지

터트릴 힘도 없이
잠든 날이 많아졌어

꿈조차 비켜간 밤들
슬픔만 두꺼워져

우는 법을 까먹어서
영화를 봐야 했어

돌멩이가 나오는 눈
눈물은 어디갔지

솔직한 밤이 그리워
불 끄면 돌아올까

제4부

웃으면 복이 올까요

동그란 얼굴에선 기쁨도 살이 올라
작아진 눈이 싫어 웃는 게 무서웠어
견디는 얼굴이 된 건
예뻐지고 싶다는 뜻

네가 날 찍는대서 벽에 기대 서 있는데
홈 파인 내 표정을 만져보는 손 때문에
가려워 터진 웃음이
카메라에 발각됐어

두 눈에 옮겨붙은 서러움 떼준 거니
이상해, 예쁘더라 새빨갛게 웃는 내가
모아온 빛을 터트려
찬연하게 살아볼까

선글라스

햇빛이 눈동자를 선명하게 말려내도
맨눈으로 담겠다는 당신 따라 걸어가면

그림자 모서리까지
바싹 말라 바스러져요

투명한 당신 뺨에 파도가 비칠 때
윤슬을 주워 담아 문장을 엮겠다는

함부로 내뱉은 고백을
해에게 들켰어요

완성하지 못할 말을 또 한 번 뱉기 전에
두 눈을 어둠 속에 숨겨둬야 하겠습니다

난 그저 바다의 말을
배우고 싶던 거지만요

가위

다른 곳 향해 뻗은
엇갈린 서슬 사이

잡았다 놓기만 해도
실핏줄이 꿈틀댄다

어디를 오려야 하나
노래가 멈추려면

무음의 날숨들이
허물 벗고 다시 와서

배꼽을 관통할 땐
몸통이 흔들거린다

심장의 가장자리를
도려내면 밤이 올까

텅 빈 지도를 향해

웃어도 그대로인 눈을 한 네가 온다

마스크 아래 숨은
웃음을 보고 싶어

네 눈 속
내 눈동자를
확인할 쯤 손 내밀어

제철의 문장들을 입속에서 꺼내줄게

참으면 터져버릴
알 꽉 찬 이야기야

내년도 꺼내 먹을진
말하지 않기로 해

생일이 같다는 걸 겁 없이 되뇌었어

홀가분한 보폭으로
한눈팔고 싶었거든

나란히
걸어가 줄래
오지 않은 시간 쪽으로

몽중(夢中)

간밤에 읽은 책은 헐렁한 페이지뿐
들어줄 사람 없는 기도는 엇나간다
목적을 잃어버려도 몸은 멈추지 않아

결심만 하다 잠든 비문을 끌어안고
꿈에만 살던 나를 꿈 밖으로 꺼내볼까
망가진 기분만 들어 고장난 것도 없는데

식물 킬러의 변명

네 번째 식물도 축축하게 죽어간다

"오독을 빨아먹고 행운을 갖다주련"

밑줄만 가득한 흙엔
숨 쉴 틈 없었을까

자라난 취향들이 화분 위에 그늘진다

행간이 텅 빈 일기 채워 쓰고 싶었거든

허기가 가린 햇빛이
닿지 못해 말라갔나

무중력 고백

달 위를 달리다가
다리를 잃은 기분

민들레 씨앗처럼
마구 떠난 발의 탄성

누구도 잡지 않는 곳
어깨가 평형하다

빈말을 더듬으면
통증이 사라지나

작아진 그림자가
한숨을 내뱉기 전

최후의 몸부림 끝에
납작하게 피는 꽃

음 소거

볼륨을 높였는데 노래가 멈추었어

겹쳐진 백색 소음
벽 타고 팽창하면

말 많던 선풍기 날개도
인중을 움켜쥔다

숨 막힌 방안에는 식욕만 남아 있어

입술에 쌓인 말을
씹으면 없어질까

껍질을 벗겨 담으니
녹아버린 허기진 밤

끝말잇기

말꼬리 밀려올 쯤 시작된 이야기는
어떤 마침표 찍을지 모르는 채

쉼표로
이어 붙이며
문장을 늘려갔다

심장의 바닥까지 긁어서 뭉쳤더니
불퉁한 표면으로 행간을 굴러간다

튕겨난
말의 파편이
박히는 두 손바닥

말 조각 꺼내 들어 문장을 맺을 차례

물어볼까
소리칠까

끝을 낼까
약속할까

입술에
부푸는 것을
터트려서 발음한다

나마스떼

물렁한 몸 보면서 여기저기 찌르다가

날개뼈 사이까지 손가락을 뻗어본다

두손을 돌려 접어야
겨우 닿는 버튼 하나

가슴을 활짝 열고 등 뒤에서 합장하며

소식 끊긴 뒷모습을 오래도록 그려볼래

누르니 솟아오르는
봉긋한 몸의 표정

멈추지 말기로 하자

화장실 구멍마다 휴지로 막아둔 건

무관한 당신과 나,
서로가 들킬까 봐

포개진 눈들 가리려
시차 두고 연대하는 일

손안의 지옥에다 당신을 둘 순 없어

우리의 입김 모아
언 발목 녹여줄게

숨 가뻐 울어주겠니
비명이 들릴 때까지

배를 접는 마음

헐렁한 걸음으로 취기를 감상해요

네 주머니 안에 넣은 두 손을 부비다가

종이배 타고서라도
사라지고 싶어져요

물 젖은 대답만이
밀려오는 강가에서

바람을 접어다가
질문을 실을까요

파도를 일으켜 줘요
입김을 불어줄게

이뤄질 수 없는 걸 영원히 원할래요

쉬운 말 골라하며
인사는 미룹시다

예언이 헤엄쳐 오면
배를 타고 떠날 테니

청소

눌러쓴 문장들이 방안을 기어다녀

입김은 새어나와 이름을 적셔댔지

봉인된 당신을 뜯어
숨바꼭질 하자 할까

전화를 사양한 건 모서리를 들킬까 봐

오랫동안 굴러다닐 말만 주고 싶어

넘쳐서 뚜껑 열려도
닫지 말고 들어줄래

6:30 am

어디에선 기껏해야
고작 한 명 될지라도

당신에겐 한 세계가
될 수 있는 사람이란걸

날마다 입에 머금고
맨 앞으로 나아간다

독백

쓴 대로
사는 사람

시처럼 살고 싶다고

진실만
쓰려 하면

미완성만 남겨지고

백지가
나를 삼킨다

나는 자꾸
더 작아진다

해설

어떤 결핍과 치유의 기록

이정현(문학평론가)

> 파도가 밀어내도 매 순간 그리웠다
> 눈동자에 섬들을 그려 넣고 기다렸다
> 한 많은 우리의 밀회가 이곳에서 펼쳐지기를
> ―「봄의 동선」 부분

 '결여'는 시의 절대적인 동력이다. 이나영의 시적 주체는 사랑하는 사람의 부재라는 결여를 계속 확인한다. 『나의 파수꾼에게』의 1부에 수록된 시들은 자기동일성과 자기애의 극단에 이른 자기 모멸의 기록이다. 주체는 "내가 나로 사는 것을/견딜 수 없"(「나의 파랑」)다고 토로한다. "다짐만 반복되는/아침"(「파도를 믿는다면」)을 맞이하면서 "오래 품은 말"(「물수제비」)들이 흩어지는 날들을 온몸으로 견딘다. '나'가 고통스러운 이유는 누군가의 부재 때문이다. 이제 '나'가 사랑하는 대상은 없다. 그 사람은 추억으로만 내 곁에 머문다. '나'는 너를 만질 수 없고, 포옹할 수 없다, '나'는 다만 추억할 뿐이다. 추억은 하나의 세계다. 그 세계 안에 이별 이후의 너는 없다. '나'는 그 과거의 시간을 움켜쥐고 그 안의 너를 붙들려고 한다. 그렇지만 시간은 무심히 흐르고, 부재는 극복되지 않는다.

텅 빈 당신의 부재와 상처 앞에서 '나'는 꼼짝도 하지 않는다. '나'는 필사적으로 부재에 매달리며 상처를 응시할 뿐이다. 그 사람이 없어도 살아온 시간들을 '나'는 견디기 어렵다. 사랑이 끝나고 그 사람이 떠나도 말은 되돌아온다. 그 말들이 '나'를 괴롭게 한다. 유효기간이 끝난 그 말들은 당신의 부재를 확인하게 한다. '나'는 그 말들을 곱씹는다. 실체 없는 말들을 만지면서 '나'는 당신이 곁에 있는 것처럼 혼자 중얼거린다. 1부의 시들은 흔적을 견디는 자의 '혼잣말'로 넘친다. 아직 '나'는 당신을 떠나보내지 못한 상태다. 첫 번째 수록된 시 「나의 파랑」을 읽는다.

내가 나로 사는 것을
견딜 수 없을 때

새카만 나를 벗어
바다에 내던진다

수평선 가장 먼 곳까지
떠내려가 보려고

혼잣말 한 방울씩

물결에 풀어내며

밤낮으로 유영하면

침묵이 찾아올까

파도를 건디고 나면

투명한 내가 될까

— 「나의 파랑」 전문

 누구나 삶 속에서 특별한 사람을 만난다. 그 사람은 '나'에게 생의 특별한 비의를 가르쳐준다. 우리는 대개 그 진실을 이별 이후에야 알게 된다. 떠난 대상을 그리워하면서 "잘하고 싶던 마음"(「유속의 허기」)을 떠올리지만, 그 대상은 되돌아오지 않는다. 그 사람은 없고, 비의만이 남겨진다. 사랑하는 사람은, 진실을 알려주고 떠난 후 절대로 돌아오지 않는다. 시적 주체는 부재를 앓으면서 괴로워한다. 하지만 사랑이 끝나도 계절은 다시 오고, 삶은 계속된다. 어쩌면 당신은 처음부터 부재한 것이 아니었을까. 사랑이 끝난 후에도 '나'는 여전히 살아간다. 이것이 '나'가 "바늘로 나를 꿰매면서 눈물로 깨달"(「산란의 기분」)은 유일하고도 진부한 사실이다. "다급한 물음표"(「밤의 문법」)를 마주하면서 '나'는 처연하게 부재를 앓는다.

서랍에 초콜릿은 하나쯤 넣어두렴
한 조각 입에 넣고 입속을 굴려보면
요령을 알게 되겠지
문장을 녹여 먹는

한 줄씩 늘어나는 이름을 떠올리며
매일 도착하는 속삭임을 듣고 있니
마침표 찍기 전까지
긴장을 놓지 말자

단어가 잡아먹는 비문을 보기 위해
쓰려고 쓰지 않는 습관을 지닌 네게
함부로 행운을 빌어
계속해서 태어나길
　　　　　　　─「보송한 얼굴의 너에게」 전문

 이제 '나'는 당신이 머물렀던 한때를 세밀하게 기억하기 시작한다. 이별을 견디는 자의 다음 단계다. "당신이 주머니에 내 손을 가져간 날"(「레몬」)과 "말없이 내 얼굴만/쓰다듬던 당신"(「단어 수집」)을 떠올린다. 한때 '나'는 "온 세상 당신을 딛고/한 발짝씩 내딛"었고 당신도 아직 '나'에게 "무해한 모습"(「나의 파수꾼에게」)이었다. 현재의 고통과 대비되는 과거의 한 시절을 회상하면서 시적 주체는 잠시 미소를 되찾는다. 그 시절 그 사람이 "사랑을 사랑이라 발음"할 때 그 단어는 "나선으로 움직"이면서 팽창했었다.

> 사랑을 사랑이라 발음할 수 있기까지
>
> 말없이 내 얼굴만
> 쓰다듬던 당신에게
>
> 내 볼을 갖다 대었다
> 속도를 맞춰주려고
>
> 나는 너의 언어 속에 사랑을 들여둔다
> 무거울 필요까진 없는 말이라고
> 뱉어도 달아나지 않는
> 모험을 할 거라고
>
> ―「단어 수집」 부분

시적 주체는 서로의 "눈꺼풀에 불시착한 밀어"(「꽃의 소원」)가 가득했던 따스한 기억이 자신을 그토록 아프게 할 줄 전혀 몰랐으리라. 당신의 언어를 접할 때마다 시적 주체는 "가져도 온 적 없던 것들"(「눈덩이가 굴러온다」)이 자신에게 오는 것을 느낀다. 2부에서 시인은 1부와는 달리 온기가 충만했던 과거를 응시한다. 과거를 더듬던 시적 주체는 어렴풋이 깨닫는다. 어떤 관계도 온전히 지속될 수는 없다는 사실을 '나'는 과거에 이미 알고 있었다. 자신의 곁에 머물렀던 사람을 떠올리면서 "매일 죽어가는/사랑을 나눠 먹었다"(「오래된 연애」)고 서술한다. 떠나는 시점을 예측하지 못했을 뿐 '나' 역시 감정과 관계가 휘어지고 변한다는 사실을 몰랐던 것은 아니었다. 시인은 여전히 상실의 고통을 얘기하지만, 언어의 결은 차츰 달라진다. 3부에 이르러 시인은 쓰는 행위가 지닌 의미를 자각한다. 상실의 고통을 망각하기는 불가능하다. 당신은 어디에나 스며 있다. 지독한 멜랑콜리의 시기를 통과하면서 시적 주체는 "익숙한 일기장"과 "쓰다 만 시나리오" 같은 기억에서 벗어날 수 없다는 사실을 수긍한다. 3부에서 시적 주체는 힘겹게 일상을 되찾으면서 "새 감각"(「나의 곡선」)을 찾고, "불행은 떨쳐내"(「항해」)야 한다고 말한다.

십 년 만에 어깨 위로 머리를 잘랐다가

싫었던 남배우의 드라마를 찾아봤어

얌전히 있지 못하게
취향을 건드릴 거야

익숙한 일기장은 때때로 버리랬어

대본 없는 대역으로 살아보면 알게 될까

쓰다 만 시나리오를
넘겨낼 새 감각을

—「나의 곡선」 부분

  상실의 고통은 지극히 주관적이다. 이것은 둘만의 세계가 무너진 이후에야 확인할 수 있는 가혹한 진실이다. 일상으로 복귀하면서 조금씩 "당신이 남기고 간 단어들이 도망간다"(「봄의 동선」). 그러는 동안 시간이 흐르고 계절도 변한다. 3부와 4부에 걸쳐 시적 주체는 조금씩 일상을 회복한다. '나'는 말문이 막히도록 매운 음식을 먹고, 샤워를 한다. 영화를 보고, 설거지를 한다.

당신이 남기고 간 단어들이 도망간다
등대가 밤새도록 발자국을 숨겨준다
익숙한 새벽의 진동이 숨마다 떨려온다

파도가 밀어내도 매 순간 그리웠다
눈동자에 섬들을 그려 넣고 기다렸다

한 많은 우리의 밀회가 이곳에서 펼쳐지기를
—「봄의 동선」 부분

  시인이 1부에서 4부까지 배치한 시들은 이별 이후를 견디다가 기어이 회복하는 자의 내면을 순차적으로 대변한다. 부재를 견디다가 대상을 상실하기 전의 시간을 회상하면서 자위하면서 '나'는 어떤 식으로든 계속 살아가는 자신을 발견한다. 감당할 수 없는 상실의 고통을 통과한 시적 주체의 목소리는 조금씩 안정을 되찾는다. 시집의 전반부와는 달리 후반부에 배치된 시들의 어조는 시종일관 덤덤하다. 이것은 당신을 떠올리는 행위가 이제 아프지 않다는 의미가 아닐 것이다. 이별 뒤에는 긴 피곤함이 밀려온다. 그 피로를 통과한 '나'는 이제 안다. 당신은 한 번도 나에게 온전하게 실재하지 않았고, 당신을 인식하면서 '나'는 늘 어떤 결핍을 감당해야 했다. 회한과 상처 앞에서 '나'는 '쓸 수 없는 것을 쓰는' 자신과 마주한다. 계속 쓰는 행위는 '나'에게 허용된 유일한 위로다. 이것은 이별 이후 '나'가 얻은 초라한 교훈이기도 하다. 진실은 심각하게 변형되고 뒤틀린 채 유통된다. 대상을 명명하고 부재를 부정할수록 공허함을 느낀다. 어쩌면 '나'는 공허함에서 비롯된 증상을 유지하려고 노력한다. 벗어나고 싶지만, 고통이 희미해질수록 당신과의 거리는 더 멀어질 것만 같다. 당신은 늘 그 어떤 결핍과 더불어 머물렀음을, '나'는 아프게 인정한다.

그러면서 '나'는 어렴풋이 깨닫는다. 계속 쓰는 것만이 자신에게 허락된 유일한 위로라는 사실을.

  쓴 대로
  사는 사람

  시처럼 살고 싶다고

  진실만
  쓰려 하면

  미완성만 남겨지고

  백지가
  나를 삼킨다

  나는 자꾸
  더 작아진다
           ―「독백」 전문

 시적 주체가 부재에 맞서 할 수 있는 일은 거의 없다. 바닷가를 서성이는 '나'는 혼잣말을 내뱉고 지극히 개인적인 글을 쓰면서 당신을 그리워할 뿐이다. 그런데 이상한 일은, 자기 부정과 모멸, 자학과 회한이 뒤섞인 기록이 반복하면서 '나'는 상처에서 조금씩 벗어나고 있다는 사실이다. 쓰는 행위를 지속하면서 점차 '상실'은 '생산'으로, '부재'는 '충만'으로 변한다. "튕겨난/말의 파편"(「끝말잇기」)들은 당신의 부재를 대변하는 효과적인 기제다. 누적되는 물음에 스스로 답하는 동안 기억은 잠시 열렸다가 닫힌다.

> 말꼬리 밀려올 쯤 시작된 이야기는
> 어떤 마침표 찍을지 모르는 채
>
> 쉼표로
> 이어 붙이며
> 문장을 늘려갔다
>
> 심장의 바닥까지 긁어서 뭉쳤더니
> 불퉁한 표면으로 행간을 굴러간다
>
> 튕겨난
> 말의 파편이
> 박히는 두 손바닥

말 조각 꺼내 들어 문장을 맺을 차례

물어볼까
소리칠까
끝을 낼까
약속할까

입술에
부푸는 것을
터트려서 발음한다
—「끝말잇기」 전문

시적 주체의 숱한 질문들은 하나로 귀결된다. 당신은 어떻게 내게로 왔을까. '나'는 몇 마디 밀어로 내면의 세계가 팽창하고 무너지길 반복하면서 "고작 한 명"이 "한 세계가/될 수 있"(「6:30 am」)다는 사실을 아프게 학습한다. '나'의 증상은 마치 치료를 원하지 않는 환자의 상태와 흡사하다. 결핍을 앓는 주체는 결핍을 채우려고 하지 않는다. 환자는 현재의 증상을 그대로 유지하기 위해 많은 양의 에너지를 투자한다. 이 결여의 에너지는 살아가는 힘으로 전환된다. 증상을 통해 환자는 일종의 대리만족을 얻으며, 그것을 쉽게 포기하지 않는다. 이 증상은 시의 동력이면서 자기 위안의 통로이기도 하다. 부재하는 대상을 기억하고 쓰면서 '나'는 상실의 대상을 새롭게 호명한다. 이제 '나'는 당신을 '파수꾼'이라고 명명한다. 왜 파수꾼인가. 당신은 내 상처의 근원이다. '나'는 여전히 "영원히 사라지지 않는/대화"(「포옹의 뒤편」)를 반복하면서 고통을 견딘다.

> 말들이 흘러야만 입 여는 당신 곁에
>
> 언제나 고여 있던
> 팽팽한 침묵들에
>
> 구겨진 얼굴 비추다
> 표정을 들켜버렸다
>
> 웅크린 당신에게 서둘러 입 맞추며
>
> 미완의 고백들을
> 귓가에 퍼붓는다
>
> 내게도 생긴 비밀이
> 미래를 재워둔다
>
> ―「쉿,」 부분

당신은 호기심과 결여, 회한과 상처의 다른 이름이다. 그런데 그런 당신이 놀랍게도 내 삶을 지탱하는 힘을 준다. 당신이 곁에 있었던 시절과 결핍이 가득한 현재를 오가면서 '나'는 그 기이한 위안을 받아들인다. 사랑할 때 당신은 '나'를 지키는 '파수꾼'이었고, 지금도 그러하다. 이제 '나'는 당신을 안을 수 없지만, 당신은 무수히 변신하면서 내 곁에 존재한다. 편재하는 당신에게 안부를 물으면서 시적 주체는 이별을 받아들인다. 아무리 진실된 사랑이라도 전락과 배신의 운명을 피할 수 없다. 사랑할 때 우리는 누군가에게 상실과 상처의 대상이 된다. 이별은 뼈아픈 상실이지만, 이별로 인해 사랑은 그 운명으로부터 해방된다. 이나영의 시집 『나의 파수꾼에게』는 상실의 고통에 장악당한 주체가 스스로 해방되는 과정을 담고 있다. 이나영의 시적 주체는 이별 뒤의 긴 상처를 치유하면서 "온 세상 당신을 딛고/한 발짝씩 내딛"(「나의 파수꾼에게」)겠다고 선언한다. 시인은 사랑을 신뢰하면서도 배신과 패배로 점철된 사랑의 이면을 외면하지 않는다. 피할 수 없는 부재와 결핍을 끌어안으면서 이별의 주체는 태어난다. 우리는 누구나 이별의 주체가 된다. 그때 이나영의 시들은 유용한 길잡이가 될 것이다.

시인동네 시인선 249

나의 파수꾼에게
ⓒ 이나영

초판 1쇄 인쇄	2025년 3월 10일
초판 1쇄 발행	2025년 3월 17일
지은이	이나영
펴낸이	김석봉
디자인	헤이존
펴낸곳	문학의전당
출판등록	제448-251002012000043호
주소	충북 단양군 적성면 도곡파랑로 178
전화	043-421-1977
전자우편	sbpoem@naver.com

ISBN 979-11-5896-683-6 03810

*이 책의 판권은 지은이와 문학의전당에 있습니다.
*양측의 서면 동의 없는 무단 전재 및 복제를 금합니다.
*잘못 만들어진 책은 바꿔드립니다.